De puntillas en Lugares escalofriantes

Morgues mortíferas

por Joyce Markovics

Consultora: Ursula Bielski
Escritora e investigadora de fenómenos paranormales
Fundadora de Chicago Hauntings, Inc.

Bearport Publishing

New York, New York

Créditos

Cubierta, Kim Jones; TOC, © Darrin Kilmek/iStock; 4–5, © bytekontrol/iStock and © Kim Jones; 6, © Google 2017; 7, © Geoff Goldswain/Shutterstock; 8–9, © Roman Nerud/Shutterstock; 9B, © Gang Liu/Shutterstock and © Bertold Werkmann/Shutterstock; 10, © Photo Researchers, Inc/Alamy Stock Photo; 11, © Bridgeman Images; 10–11, © Josse Christophel/Alamy Stock Photo; 12, © Wellcome Images/CC BY 4.0; 13, © Private Collection/Archives Charmet/Bridgeman Images; 14, Public Domain; 15, © Mark Wells; 17, © Patrick Foto/Shutterstock; 18, © Christopher Payne/ESTO; 19, © Josh Partee.CC BY-SA 4.0; 20, © Kobbi R. Blair/Statesman-Journal/Associated Press; 21, © Thomas Patterson/The New York Times/Redux; 23, © zummolo/Shutterstock.

Director editorial: Kenn Goin
Editora: Joyce Tavolacci
Traductora: Eida Del Risco
Editora de español: María A. Cabrera Arús
Director creativo: Spencer Brinker
Investigador de fotografía: Thomas Persano
Cubierta: Kim Jones

Library of Congress Cataloging-in-Publication Data

Names: Markovics, Joyce L., author. | Translation of: Markovics, Joyce L. Deadly morgues.
Title: Morgues mortíferas / Joyce Markovics.
Other titles: Deadly morgues. Spanish
Description: New York : Bearport Publishing Company, 2018. | Series: De puntillas en lugares escalofriantes | Includes bibliographical references and index. | Audience: Ages 5–8.
Identifiers: LCCN 2017042969 (print) | LCCN 2017048305 (ebook) | ISBN 9781684026227 (ebook) | ISBN 9781684026142 (library)
Subjects: LCSH: Haunted morgues—Juvenile literature.
Classification: LCC BF1476.4 (ebook) | LCC BF1476.4 .M3718 2018 (print) | DDC 133.1/22—dc23
LC record available at https://lccn.loc.gov/2017042969

Para más información, escriba a Bearport Publishing Company, Inc., 45 West 21st Street, Suite 3B, New York, New York 10010. Impreso en los Estados Unidos de América.

10 9 8 7 6 5 4 3 2 1

Contenido

Morgues 4

Cuerpo robado 6

Muerte en exhibición 10

Desapariciones 14

Almas olvidadas 18

Morgues mortíferas del mundo 22

Glosario 23

Índice 24

Lee más 24

Aprende más en línea 24

Acerca de la autora 24

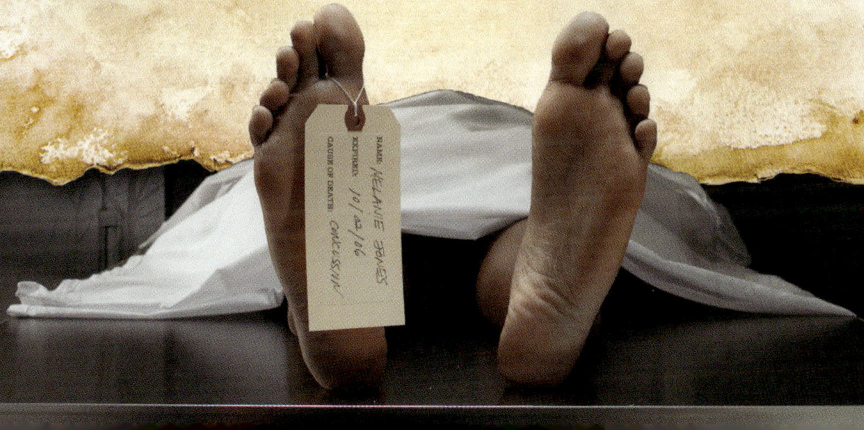

Morgues mortíferas

Entras en una habitación fría, cubierta de sucios azulejos. Las luces parpadean. Observas que hay una camilla metálica junto a la pared. En ella yace un cuerpo envuelto en una sábana blanca. Un delgado hilo de sangre cae sobre el suelo desde la camilla. ¡De repente, se apagan las luces!

Prepárate para leer cuatro historias escalofriantes acerca de **morgues** abandonadas. Pasa la página... ¡si te atreves!

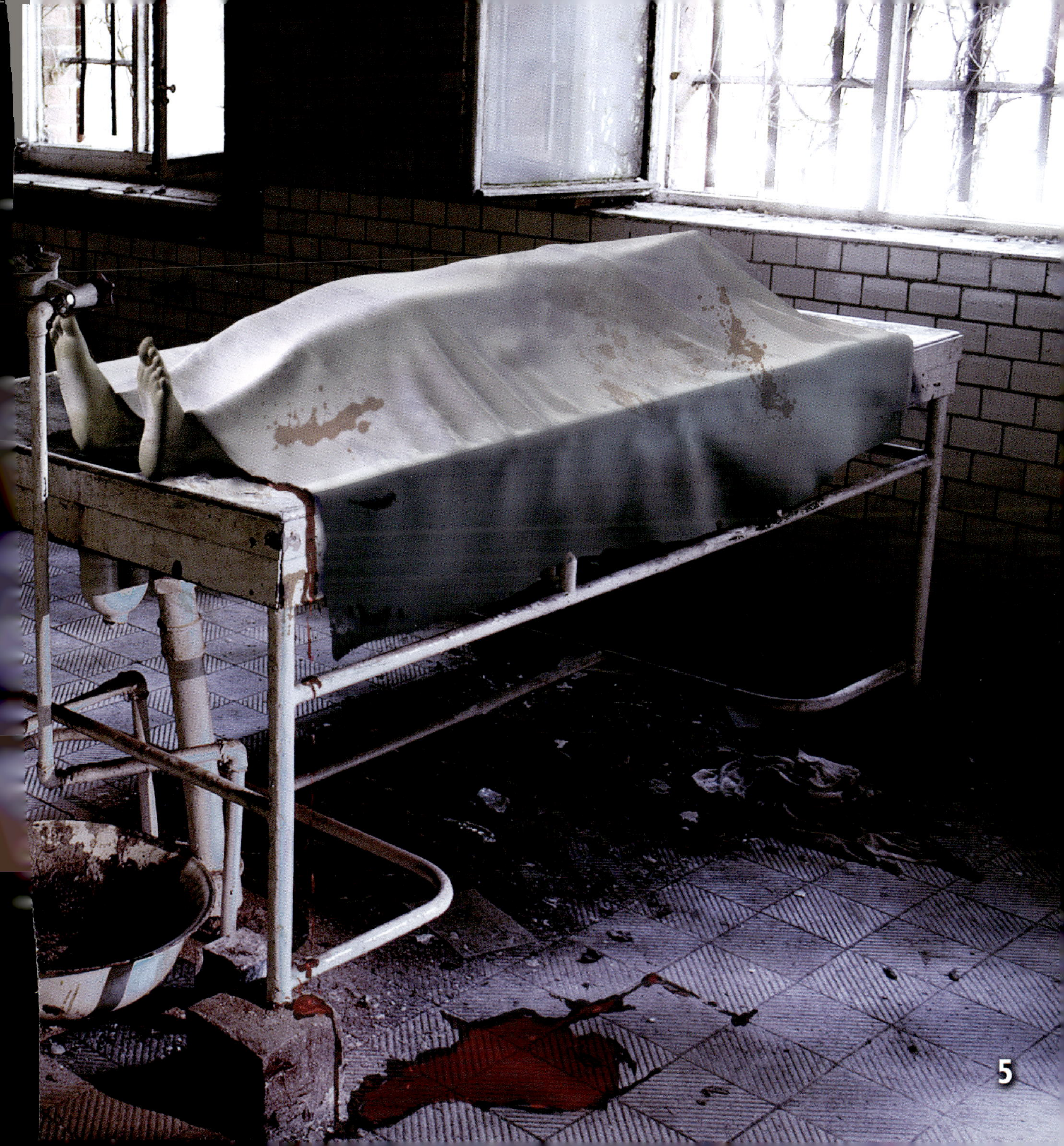

Cuerpo robado

Morgue Georgetown, Seattle, Washington

Una morgue siempre se considera un lugar repulsivo. ¿Y si en ella además ocurriera un terrible **crimen**?

John "Figgy" Dorsey era un **músico** de jazz muy conocido. Vivía en Seattle con su esposa. De repente, en 1947, John murió. Su cuerpo fue llevado a la morgue Georgetown. Fue entonces cuando comenzó la pesadilla.

Sitio donde estaba la morgue Georgetown

Una noche, unos ladrones entraron en la morgue. Cuando la policía llegó, se dio cuenta de que el cuerpo de John ¡había desaparecido!

Entonces, la Sra. Dorsey descubrió algo muy desagradable. Sobre el césped de su jardín encontró el cuerpo de su marido... cortado en pedazos. La policía nunca supo quién había cometido el **macabro** crimen.

La Sra. Dorsey envió a la morgue los pedazos del cuerpo. Allí cosieron el cuerpo de John, ¡justo a tiempo para su **funeral**!

MUERTE EN EXHIBICIÓN

Morgue París, París, Francia

Corre el siglo XIX en París. Miles de personas hacen fila. Tratan de asomarse a los grandes ventanales. ¿Qué hay detrás de las ventanas? ¡Hileras e hileras de **cadáveres**!

La morgue París

En esa época, en París, todos los cadáveres no **identificados** se llevaban a la morgue París. Allí, los cuerpos se colocaban en bloques de piedra detrás de grandes ventanales. Todos los días, la gente hacía cola para ver los cuerpos. Algunas iban para buscar amigos o familiares perdidos. Otros iban solo a **contemplar** a los muertos.

A los cuerpos les rociaban sustancias químicas. Así impedían que se pudrieran.

DESAPARICIONES

Morgue de Baxter Avenue, Louisville, Kentucky

Victor Vanderdark abrió la morgue de Baxter Avenue en 1901. In 1932, desapareció sin dejar rastro. Enseguida, su único hijo, Warren, tomó la dirección de la morgue. Entonces, la esposa de Warren se **esfumó**, junto con la hijita de ambos. Algunos pensaron que Warren había matado a su familia.

Victor Vanderdark

Baxter Avenue Morgue

En 1940, la morgue cerró. Sin embargo, la gente que pasaba por ahí veía las luces del sótano encendidas con frecuencia. Entonces, empezó a desaparecer más gente. ¿Todavía estaría Warren trabajando?

En épocas recientes, la gente ha visto figuras fantasmales en la morgue. También han escuchado la voz de una niñita que dice: "Papá, ¿por qué hiciste eso?". ¿Podría ser la hija de Warren que habla desde la tumba?

En 1951, Warren Vanderdark también desapareció.

Almas olvidadas

Hospital Estatal de Oregón, Salem, Oregón

Apiladas en perfecto orden en una habitación polvorienta de un hospital de Oregón hay miles de latas pequeñas. Cada una tiene un número. ¿Qué hay dentro de las latas? La respuesta te pondrá la piel de gallina.

Las latas del Hospital Estatal de Oregón

El Hospital Estatal de Oregón se inauguró en 1883. Todavía hay secciones abiertas.

En el siglo XX, miles de enfermos eran enviados al hospital. Cuando llegaban allí, no recibían cuidados adecuados. Muchos morían poco después de llegar. Sus cuerpos eran **cremados** en la morgue del hospital. Las cenizas se guardaban en latas... y se dejaban olvidadas allí.

En 2005, unas personas que visitaban el hospital descubrieron las latas. Algunos de los restos han sido devueltos a las familias de los difuntos.

MORGUES MORTÍFERAS DEL MUNDO

MORGUE GEORGETOWN
Seattle, Washington

Mira la espeluznante morgue que también es la escena de un crimen.

HOSPITAL ESTATAL DE OREGÓN
Salem, Oregón

Aprende sobre el terrible descubrimiento de restos mortales olvidados.

MORGUE DE BAXTER AVENUE
Louisville, Kentucky

Explora una morgue misteriosa y posiblemente embrujada.

MORGUE PARÍS
París, Francia

Visita un lugar donde los muertos se exhibían macabramente.

Glosario

cadáveres cuerpos muertos

contemplar mirar con atención

cremado un cuerpo quemado hasta que queda convertido en cenizas

crimen un acto ilegal

funeral una ceremonia que se celebra después de que una persona muere

macabro horrible o que causa una sensación de horror

morgues lugares donde se guardan los cadáveres antes de enterrarlos

músico una persona que toca música para ganarse la vida

no identificados que no han sido reclamados o reconocidos

se esfumó desapareció

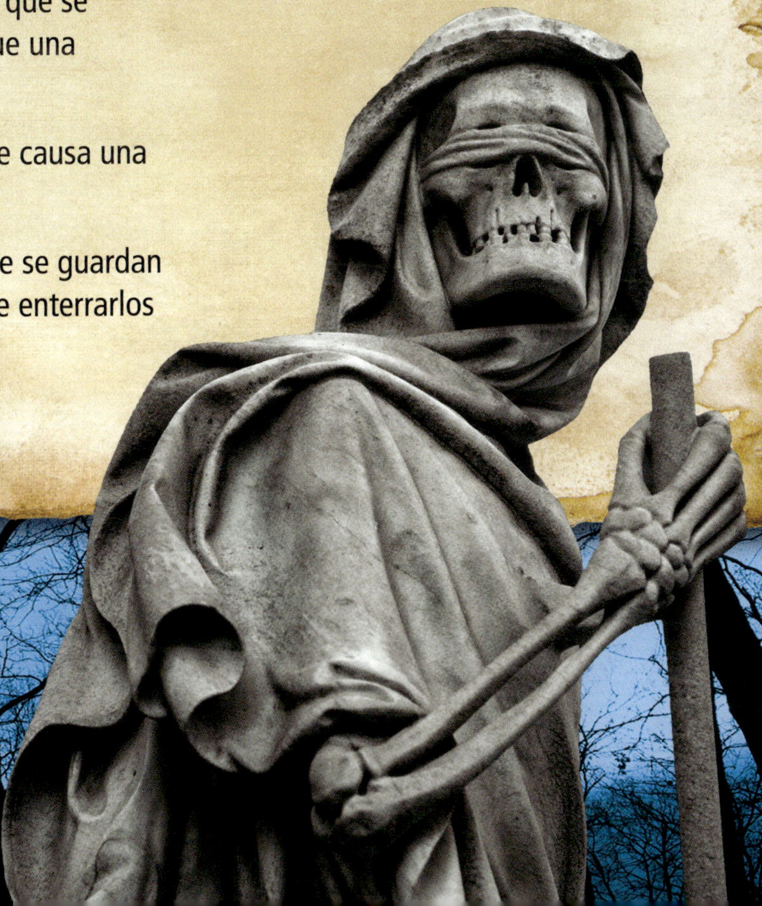

Índice

cadáveres 10, 12
fantasmas 16–17
Hospital Estatal de Oregón 18–19, 20–21, 22
Louisville, Kentucky 14–15, 16–17, 22
morgue de Baxter Avenue 14–15, 16–17, 22
morgue Georgetown 6–7, 8–9, 22
morgue París 10–11, 12–13, 22
músico 6–7
París, Francia 10–11, 12–13, 22
Salem, Oregón 18–19, 20–21, 22
Seattle, Washington 6–7, 8–9, 22

Lee más

Phillips, Dee. *Nightmare in the Hidden Morgue (Cold Whispers II).* Nueva York: Bearport (2017).

Williams, Dinah. *Monstrous Morgues of the Past (Scary Places).* Nueva York: Bearport (2011).

Aprende más en línea

Para aprender más sobre morgues mortíferas, visita:
www.bearportpublishing.com/Tiptoe

Acerca de la autora

Joyce Markovics vive en una casa que tiene 160 años.
Es posible que algunos seres del otro mundo vivan ahí también.